BEI GRIN MACHT SICH IHR WISSEN BEZAHLT

- Wir veröffentlichen Ihre Hausarbeit, Bachelor- und Masterarbeit

- Ihr eigenes eBook und Buch - weltweit in allen wichtigen Shops

- Verdienen Sie an jedem Verkauf

Jetzt bei www.GRIN.com hochladen und kostenlos publizieren

Kinga Gmiat

Einführung in die romanische Literaturwissenschaft

Vorlesungsmitschrift

GRIN Verlag

Bibliografische Information der Deutschen Nationalbibliothek:

Die Deutsche Bibliothek verzeichnet diese Publikation in der Deutschen National-
bibliografie; detaillierte bibliografische Daten sind im Internet über http://dnb.d-
nb.de/ abrufbar.

Impressum:

Copyright © 2014 GRIN Verlag GmbH
Druck und Bindung: Books on Demand GmbH, Norderstedt Germany
ISBN: 978-3-656-70950-3

Dieses Buch bei GRIN:

http://www.grin.com/de/e-book/278092/einfuehrung-in-die-romanische-literatur-
wissenschaft

Einführung in die romanische Literaturwissenschaft

Literarische Gattungen:

Dichtungsklassen: Dramatik, Epik/Narrativik, Lyrik (im Vers gesungen)

Unterklassen: Roman, Novelle, Sonett, Tragödie, etc.

Gattungsbestimmung:

-normativ (von normbildenden Prototypen, in Poetiken)

-deskriptiv (textintern, Beispiel: Komödie, Tragödie und textextern, Beispiel: Brief, Rede, fantastische Literatur, nach Erwartungshaltung und Reaktion des Publikums)

Narrative Grundstrukturen:

A) Ebene der Geschichte
   1. Handlung (anthropologisch-soziologisch oder literarisch)
   2. Personen
B) Ebene des Erzählens: Unterschied Autor und Erzähler

Text:

1. Autor
2. Erzähler
3. Person A, Person B
4. Fiktiver Leser
5. Leser

„Emphase":

Nachdrücklichkeit, nachdrückliche/begeisterte Ausdrucksweise

„Emblem":

Symbolische Figur vereint mit Sentenz/Sprache bestehend aus:

1. Motto, Titel (beispielsweise Epigramm)
2. Bild
3. Kurzer Text/Subskription
4. Beispiele: Imagologien, Mythen

Bilder:

Metapher:

a) Einzelwortbezogene Definition
b) Kontextbezogene Definition
c) Sonderformen, z.B. absolute Metapher wie Personifikation oder Allegorie

Verblasste Metapher: Bilder aus dem alltäglichen Leben

Nach Quintilian folgendes zur Metapher möglich:

1. Ersetzung von Unbelebtem durch Belebtes
2. Ersetzung von Belebtem durch Unbelebtes
3. Ersetzung von Belebtem durch ein anderes Belebtes
4. Ersetzung von Unbelebtem durch Unbelebtes

„Topos":

Leitmotiv, etwas, das sich ständig wiederholt

„Isotopie":

-A hat gewisse Bedeutungsinhalte(=Seme) mit B gemeinsam

-Gemeinsame Seme= Klasseme

-Wiederholdung von Klassemen-> Isotopie

„Synekdoche":

-Teil steht für Ganzes (z. B. Brot steht für Nahrung)

-ein Ganzes steht für einen Teil (z B. Deutschland ist Weltmeister)

-eine Art steht für eine Gattung

-eine Gattung steht für eine Art

„Antonomasie":

Rhetorische Figur als Stilmittel benutzt: „Il es tun Casanova."

Lehre vom vierfachen Schriftsinn: (Textintepretationsgrundlage - Mittelalter)

1. Sensus historicus/litteralis (Jerusalem=historische Stadt) – wörtlich
2. Sensus allegoricus (Jerusalem=Kirche) – zeitlos, Glauben
3. Sensus moralis (Jerusalem=Seele der Christen) – Liebe, Gegenwart
4. Sensus anagogicus (Jerusalem=Gottesstaat) – Hoffnung, endlos

„Allegorie":

Großform der Metapher (hat immer mindestens 2 Bedeutungen)

1. Eine literarische, wörtliche
2. Eine allegorische, eine tiefere Sinndimension
3. Beispiel: das Bild der Justicia

Erzählweisen:

1. Berichtende Erzählung (Information - panoramatisch)
2. Szenische Darstellung (Erlebnis - mimetisch)

Erzählhaltungen:

1. Neutrale Erzähle
2. Auktorialer Erzähler (allwissend)
3. Ich-Erzähler
4. Personaler Erzähler (schlüpft in die Rolle einer handelnden Person, zurückhaltend)

-Erlebte Rede

-innerer Monolog (spontan, keine durchdachte Ordnung)

-Stream of consciousness (ungeordnete Folge von Bewusstseinshaltungen)

-Point of view (Erzählerperspektive)

Erzählformen:

1. Einfache Formen: Märchen. Sagen, Anekdoten, Geschichten, Fabeln, Novellen
2. Groß-, Romanformen: Epos, Roman
   -formale Differenzierung: Ich-Roman, Briefroman, etc.
   -inhaltliche Differenzierung: historischer Roman, utopischer Roman, Abenteuerroman, Heimatroman, Erziehungsroman, etc.

„Deux ex machina":

Bühnentechnik, zeigt einen Konflikt und die Lösung, teil einer Exposition

Poetik:

„Genera dicendi":

Stilniveau der Rhetorik

Quintilian: Lehre von den 3 Stilarten:

1. Genus humile (niedriger Stil)
2. Genus mediocre (mittlerer Stil)
3. Genus grande (hoher Stil)
→ Alle drei: „genera dicendi"

Donatus führt hierzu Beispiele auf:

Zu 1: „Bucolica" (Hirtem Schaf, Wiese)

Zu 2: „Georgica" (Bauer, Rund, Feld)

Zu 3: „Aeneis": (Adelskrieger, Pferd, Stadt)

6 Aspekte der Tragödie:

Mythos, Handlung (äußere und innere Struktur), Charakter, Effekt der Katharsis, Rede, Musik

3 Einheiten: Ort, Zeit, Handlung

Beispiele für moderne Poetik: Emil Staiger, Käte Hamburger

Extensiv versus intensiv:

Extensiv: Sekundärliteratur (alles Geschrieben generell)

Intensiv: zum Lesen gedacht

→ Literaturwissenschaft analysiert und deutet Texte (sprachliche Äußerungen), stellt dafür Mittel und Wege (Methoden) bereit
→ In Texten hat außer der Inhalt auch die Form Aussagekraft („Poetizität")
→ Texte sind sinnbildlich zu lesen (Fiktionalität)
→ Texte sind ohne freigelegten Zweck (pragmatischer Freiraum)
→ Prozess des Lesens: Wahrnehmung, Memorisation, strukturelle Aktivität
→ Soziale Funktion des Lesens: soziale Institution (Schule), Teil einer Kultur, kulturelle Gewohnheit
→ „Wissenschaft": überlieferte Bestand des Wissens, Prozess methodischer Erkenntnisarbeit, Institutionalisierung von beidem

Aristoteles: alles künstliche Schaffen ist eine Mimesis! Imination/Nachahmung

In der Literatur: Art der Nachahmung und sprachliche Form

Hermeneutik:

Verstehen der Literatur durch Methoden und Interpretationen

Rhetorik:

= Kunst der Rede, bewusste sprachliche Gestaltung einer Mittteilung

Beispiel: Cicero, Quintilian

➔ Im geistlichen Sinne: eine Predigt

Seit dem 5. Jahrhundert gelten die **7 freien Künste!** (Bildungssystem)

3 sprachliche Disziplinen:

Grammatik, Rhetorik, Dialektik

4 mathematische Disziplinen:
Arithmetik, Geometrie, Musik, Astronomie

3 Redeformen der Rhetorik:

1. Genus deliberativum (zuraten, abraten, z. B. in einer Parteirede)
2. Genus indicale (Anklage, Verteidigung)
3. Genus demonstrativum (Lob, Tadel)

5 Verarbeitungsphasen:

1. Inventio (Finden der Argumente)
2. Dispositio (Ordnen, verketten, gliedern)
3. Elocutio (formulieren)
4. Memoria (sich einprägen)
5. Actio pronuntiatio (vortragen)

Darin sind enthalten: Zustimmung, Ablehnung, logische Schlussfolgerung, bekannte Beispiele

4 Stilqualitäten:

1. Puritas (korrekte, reine Sprache)
2. Perspicuitas (Klarheit der Sprache)
3. Ornatus (stilistische Mittel)
4. Aptum (Relation zwischen Objekt und Stil)

Wortfiguren:

Litotes (Untertreibung). Hyperbel (Übertreibung), Asyndeton (Unverbundenheit, keine Konjuntion)

Gedankenfiguren:

Apostrophe (direkter Anruf), rhetorische Frage, Antithese (Entgegenstellung: „Krieg und Frieden"), Oxymoron (Widersprüchlichkeit)

Klangfiguren:

Anapher (Wiederholung am Anfang), Epiphora (Wiederholung am Ende), Diaphora (Wiederholung in der Mitte), Paronomasie (unterschiedliche Bedeutung ähnlich klingender Wörter), figura etymologica (Wörter haben den gleichen Stamm, gehören jedoch zu unterschiedlichen Wortklassen), Onomatopoesie

Satzfiguren:

Polysyndeton (Vielverbundenheit, viele Konjunktionen), Ellipse (Worteinsparung), Zeugma (Verb erst am Ende des Satzes), Aposiopese (Verschweigen des Wichtigen), Akkumulation (Wortanhäufung, Wortanreihung), Amplifikation (Erweiterung, Ausschmückung), Klimax, Antiklimax (Übergang vom stärkeren zum schwächeren Ausdruck), Pleonasmus (Verbindung von Begriffen ähnlicher oder gleicher Bedeutung), Parallelismus (Gleichlauf), Chiasmus (Überkreuzstellung), Anakoluth (Bruch in Syntax), Hysteron-Proteron (Temporal-falsche Folge), Inversion (Umstellung, klingt wie eine Frage), Anastrophe (Adjektiv steht hinter dem Subjektiv)

Epos

=Heldengedicht, längere Erzählung, mit Versen und einem gehobenen Stil, möglichst umfassendes Weltbild, z. B. Homer „Odyssee" und „Ilias", die Figuren sind fest verankert im Ordnungsgefüge

Roman

→ Vulgärsprache statt Dichtersprache
→ Ab 1150: „romanische" Dichtung in Volkssprache
→ Früher: verachtete Gattung
→ Später: erzählerische Großform in Prosa

Sichten: nach G. Genette:

1. Interne Fokalisierung (Sicht eines Teilnehmers am Geschehen)
2. Externe Fokalisierung (Betrachter außen, z. B. durch Zeugenerzählungen)
3. Nullfokalisierung (allwissender Erzähler)
4. Vermischte Sicht

„Botenbericht": Theater

„Katachrese": Bildvermengung, Bildbruch (Verbindung widersprüchlicher Bilder)

„Heterodiegetisch": Abwesenheit in der Geschichte

„Homodiegetisch": Anwesenheit in der erzählten Welt

„Rede" (discours): im engeren Sinne eine mündliche Darlegung eines organisierten Textes zu einem bestimmten Gegenstand

Heutzutage neu: Diskurs (Text): der darauf ausgerichtet ist, den Hörer/Leser zu beeinflussen

Erzählung versus **Rede**

↓ ↘

Kann fiktiv sein   Sprecher-Zuhörer

„**Facetie**": komische Kurzgeschichte

Typisierungen im Roman nach Wolfgang Kayser:

1. Geschehnis-Roman (Paar: getrennt und vereint)
2. Figuren- Roman (Einzelseele)
3. Raum- Roman (Verschiedenheit)

Klassifizierungen:

1. Stoff/Inhalt (Abenteuerroman, Reiseroman, Science Fiction)
2. Äußere Gestalt (Briefroman, Dialogroman)
3. Geistige Schematik (historischer Roman, psychologischer Roman)
4. Ton/Stimmung (empfindsam, satirisch)
5. Gesellschaftliche Zuordnung (Ritterroman, bürgerlicher Roman)

Drama

=Tat, Handlung

Dramatische Strukturen: Text->ausschließlich sprachlich kodiert (vgl. Aufführung),

Unterteilung in Haupttext (Personenrede) und Nebentext (Regieanweisungen)

Inszenierung-> Aufführung nach einem Konzept realisiert, multimediale Kodierung

Im Theater (Drama):

kein Erzähler, die Geschichte des Dramas ist perplexer als im Roman, Erscheinung und Abtritt von Personen, Akte/Szenen, Exposition, Peripetie (Wendung noch umkehrbar), Katastrophe, deus ex machina (Wendung zum Guten), Anagnorisis (Wiedererkennung der Personen), indirekte Handlungsdarstellung (z. B. Botenbericht), Wort- und Gestentheater, Dialoge, Monologe, A parte (Beiseitesprechen)

Gattungen: Tragödie, Komödie, commedia dell´ Arte (Improvisationen), Oper (tragisch, komisch), Farce

Episches Theater: Publikum wird mit einbezogen

Lyrik:

Im Spanischen das Prinzip der Silbenzählung:

1. Verso llano (Normaltyp): vorletzte Silbe, Akzent
2. Verso agudo (plus 1): bei Akzent auf letzte Silbe („disparó")
3. Verso esdrújulo (minus 1): bei Akzent auf drittletzter Silbe („apóstoles")

Synaloephe: Vokale von verschiedenen Wörtern verschmelzen („cuando amanece")

Dialöphe: Vokale von verschiedenen Wörtern trennen

Synärese: 2 Vokale in einem Wort ergeben eine metrische Silbe („héroe")

Diärese: Trennung von 2 Vokalen in einem Wort

Elision: Tilgung eines auslautenden Vokals vor einem Vokal

Aphärese: Tilgung eines anlautenden Vokals nach einem Vokal

Synkope: Tilgung eines Vokals im Wortinneren

Apokope: Tilgung eines anlautenden Vokals vor einem Konsonanten

Zäsur: konstruiert Mitverse, Einschnitt innerhalb eines Verses (Pause beim Lesen)

Enjambement: Auslassung im Vers, erst im nächsten erscheinend

Versarten:

-bisílabo (2-Silber)

-trisílabo (3- Silber)

-tetrasílabo (4- Silber)

-pentasílabo (5- Silber)

-hexasílabo (6-Silber)

-heptasílabo (7- Silber)

-octosíöabo (8- Silber)

-eneasílabo (9- Silber)

-decasílabo (10- Silber)

-endecasílabo (11- Silber)

-dodecasílabo (12- Silber)

-tetradecasílabo (13- Silber)

12/14/16-Silber: „alejandrino"

➔ 2 Halbverse dürfen nicht durch Vokalverschleifung zusammengeführt werden

Reimklassen:

-Gleitender Reim: válido - cálido

-Weiblicher, klingender Reim: llanto - santo

-Männlicher, stumpfer Reim: amor - calor

Klangqualität:

-perfecta consonante: cariño - niño

-imperfecta consonante: yermo – enfermo

Simulada consonante: veinte - lente

Assonanz:

-asonante perfecta: metira - maravilla

-asonante imperfect caiga – rana

-asonante stimulada: nace - cáliz

-asonante esdrújula: feudo - menos

Homonymer Reim: gleicher Klang, verschiedene Bedeutung

Grammatischer Reim: Ableitung desselben Wortstammes

Binnenreim: Reim zweier Wörter in einem Vers

Fortgesetzter Reim: aaaaaa

Paarreim: aa bb cc

Umarmender Reim: abba cddc oder aba cdc

Kreuzreim: abab cdcd

2- zeilige Strophe -> Distichon

3- zeilige Strophe ->Terzett

4- zeilige Strophe ->Quartett

6- zeilige Strophe ->Sextett

8- zeilige Strophe ->Oktave

→ **Sonett**: 2 Quartette und 2 Terzette

→ **„Sestine"**: Gedichtform

úu-> Trochäus

uú-> Jambus

úuu-> Daktylus

uuú-> Anapäst

Assonanz:

Phonetischer Gleichklang

„rima asonante": Gleichklang mit Haupttonvokal (am<u>i</u>go - c<u>i</u>nco)

„rima consonante": Gleichklang mit Hauptton und folgenden (v<u>iva</u> - esqu<u>iva</u>)

Formen der freien Strophen:

4-Zeiler, 5-Zeiler, 6-Zeiler, 8-Zeiler, 10-Zeiler

Form fester Bauart: zum Beispiel G. Diego „Insomnio"

Stilistik:

=Ausdruck menschlichen Fühlens

2 Dimensionen:

-Handwerkliche Dimension: hoher Stil („Anlitz"), mittlerer Stil („Gesicht"), niedriger Stil („Fresse")

-Anthropologische Dimension: Stil als Ausdruck des denkenden und fühlenden Menschen

1. Analyse sprachlicher Äußerungen
2. Sachliche Komponente
3. Ästhetische Komponente (Persönlichkeitsstil, Epochenstil, Gattungsstil)

Nach unterschiedlichen Modellen analysiert:

a) Deviationsstilistik (Abweichungsstil)
b) Kohärenzstil (Zusammenhangsstilistik)
c) Funktionalistische Stilistik (zweckmäßige Stilistik)